ALLOCUTION

PRONONCÉE DANS L'ÉGLISE D'AYNAY, DE LYON

Le 25 mai 1875

POUR LE

MARIAGE DE Mlle MARIE RAYNAUD

AVEC M. ARMAND BERNARD

CHAMBERY
IMPRIMERIE DE CHATELAIN, SUCCESSEUR DE F. PUTHOD, RUE DU VERNEY

1875

ALLOCUTION

PRONONCÉE DANS L'ÉGLISE D'AYNAY, DE LYON

Le 25 mai 1875

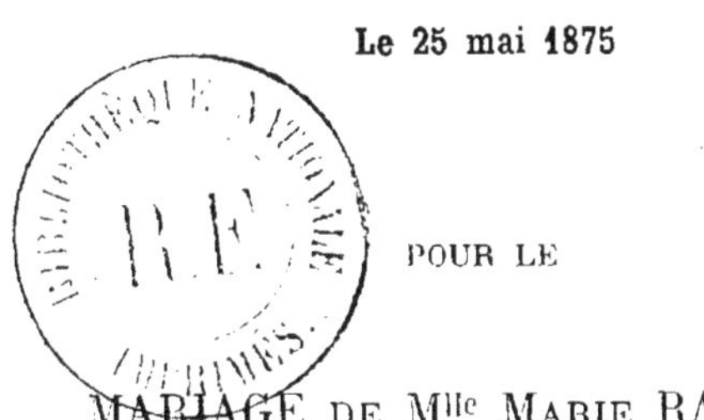

POUR LE

MARIAGE DE Mlle MARIE RAYNAUD

AVEC M. ARMAND BERNARD.

CHAMBÉRY

IMPRIMERIE DE CHATELAIN, SUCCESSEUR DE F. PUTHOD, RUE DU VERNEY

1875

ALLOCUTION

PRONONCÉE DANS L'ÉGLISE D'AYNAY, DE LYON

LE 25 MAI 1875

Pour le Mariage de Mlle Marie RAYNAUD

avec M. Armand BERNARD.

MES FRÈRES,

Une des grandes consolations du ministère sacerdotal, c'est d'avoir à bénir une union saintement préparée sous les regards de Dieu, et sous les auspices de l'Auguste Vierge Marie.

Cette faveur m'est aujourd'hui réservée ; j'en ai pour garant ce que je sais de vous, Mademoiselle, dès vos plus tendres années, et ce que nous ont apporté de vous, Monsieur, les premiers échos d'une alliance qui réjouit et fait battre à l'unisson tous les cœurs réunis autour de vous, dans cet antique et vénéré sanctuaire.

Bercés l'un et l'autre sur les genoux de vos si pieuses mères, vous avez appris de bonne heure, de leur bouche souriante, à bégayer les sublimes enseignements de cette Religion divine, seule capable d'inspirer l'oubli de soi, l'abnégation, le dévouement ; de former, en un mot, les vraiment nobles et grands caractères.

Et lorsque, un peu plus tard, vos bien-aimés parents, dans leur prévoyante sollicitude pour votre avenir, consentirent à se séparer de vous durant quelques années, ce fut pour vous confier, en des maisons de leur choix, à des mains sûres, éprouvées, délicates et capables d'arroser, de faire grandir, fleurir et fructifier les précieuses semences qu'ils avaient eux-mêmes déposées dans le sol vierge et fécond de vos jeunes âmes.

C'est dans ces asiles de foi, de piété, de vertu, de savoir, que vous avez fini d'apprendre à vous connaître, à vous vaincre, à vous dévouer, à vous sacrifier, au besoin, à l'exemple du Souverain Maître. C'est là, Monsieur, que vous avez puisé cette solidité de principes, cette vigueur de tempérament intellectuel et moral qui vous ont permis de traverser ensuite, sain et sauf, dans un âge encore inexpérimenté, les mers orageuses et souvent semées d'écueils de nos grandes cités. C'est là aussi que vous avez puisé cette douceur, cette aménité, cet amour des vertus simples et modestes qui vous ont bien vite gagné les universelles sympathies des habitants au milieu desquels vous avez fixé votre demeure, et vous ont fait distinguer, surtout, par cette excellente et si honorable famille à laquelle me rattachent les doubles liens du sang et de l'amitié.

Et vous, Mademoiselle, entrée d'abord au Sacré-Cœur de Chambéry, où, malgré un trop court passage, vous avez laissé des souvenirs qui ne sont point encore effacés, vous êtes venue, plus tard, durant un séjour prolongé à la Visitation-Sainte-Marie de cette ville, consommer l'œuvre, si bien commencée ailleurs, d'une éducation forte et virile.

Au reste, nous le savons tous, entre la Visitation et le Sacré-Cœur, les noms seuls sont changés ; l'esprit est le même. Et comment pourrait-il en être autrement ? Ces deux Ordres, dont le second est sorti du premier comme une fleur de sa tige, ne sont-ils pas issus, l'un et l'autre, du cœur si bon et si doux de cet apôtre de la charité qu'on nomme François de Sales, et dont le nom seul est comme un suave trait d'union entre votre religieuse ville de Lyon, qui reçut son dernier soupir, et notre chère Savoie, heureuse de posséder maintenant sa tombe glorieuse, après avoir autrefois abrité son berceau !

A ces hautes écoles de toutes les vertus, ma bien chère nièce, vous avez posé le couronnement des leçons déjà puisées à la source limpide et pure du foyer domestique ; vous avez achevé de comprendre que la vie est bien courte et que ses joies sont mêlées de beaucoup de larmes ; que le monde, avec ses frivolités, ses fêtes bruyantes et ses faux plaisirs, est un mirage trompeur, un nuage que le vent emporte, une fumée qui se dissipe, laissant toujours dans l'âme le trouble, l'agitation, les déceptions amères, les remords cuisants ; que la source du seul bonheur possible ici-bas se trouve dans le mépris des vanités, la simplicité des goûts, la modération des désirs, l'amour de son intérieur, le sentiment du devoir accompli envers Dieu, les hommes et soi-même, et dans cette précieuse égalité d'humeur, épanouissement naturel de la paix d'une bonne conscience. Enfin, vous vous êtes armée d'avance du courage et de la résignation si nécessaires aux jours des grandes épreuves, dont vous deviez faire, trop tôt, hélas ! une cruelle expérience personnelle, en perdant celle dont vous aviez reçu la vie... O mère incomparable ! quel vide votre absence forme aujourd'hui parmi nous ! S'il ne nous est pas donné de vous voir, de nos yeux, bénir ces jeunes époux ; nous en sommes sûrs, du moins, du haut du ciel, votre patrie, vous souriez et applaudissez à une alliance si chrétienne et si conforme à vos plus saints désirs.

Ce trésor de qualités éminentes, de sentiments épurés, de solides vertus, dont vous aviez fait de longue main si ample moisson, Monsieur et Mademoiselle, c'est précisément ce que chacun de vous, de concert avec tous ceux qui lui sont chers, demandait au Ciel de rencontrer, avant tout et par-dessus tout, dans celui que la Providence lui destinait pour compagnon de pèlerinage sur cette terre d'exil ; et parce que vous avez cherché d'abord le royaume de Dieu et sa justice, tous les autres biens vous ont été accordés par surcroît.

Dès ce moment, avec une nouvelle voie, un horizon d'obligations nouvelles s'ouvre devant vous. L'union entre les chrétiens n'est plus seulement un contrat naturel et civil, comme avant la loi de grâce. Le Sauveur des hommes, dans sa miséricorde infinie, l'a élevée à la dignité de sacrement, dans le but de purifier les sources de la vie, et de conférer aux époux les secours nécessaires pour leur mutuelle sanctification ; sacrement si relevé et si grand que, pour nous en faire mieux comprendre la sublimité et la sainteté, le divin Paul le compare à l'union mystique et ineffable de Jésus-Christ avec son Église : *Sacramentum hoc magnum est, ego autem dico, in Christo et in Ecclesiâ.* (Eph. V, 32.)

Les devoirs qu'il impose sont nombreux et variés : devoirs communs aux deux époux, devoirs particuliers à chacun d'eux.

Les époux se doivent l'un à l'autre un amour de tous les instants, une fidélité à toute épreuve, un saint respect, un dévouement sans autres bornes que la loi divine. Ils doivent prier l'un pour l'autre, supporter avec charité leurs imperfections mutuelles ; car il en reste, hélas ! même chez les plus parfaits ; se secourir dans les infirmités et les souffrances, se consoler dans les tristesses, s'encourager au bien par de bons conseils, s'édifier par de bons exemples, se soutenir et s'entr'aider, en un mot, dans toutes les difficultés et les peines inséparables du voyage de la vie. Enfin, ils doivent, dès le premier jour, entourer des mêmes égards, de la même vénération, de la même tendresse et leurs parents naturels et leurs parents d'adoption.

Les devoirs particuliers à chacun des époux sont également tracés par le grand apôtre dans son épître aux Éphésiens : « L'homme, dit-il, est le chef de la femme, comme Jésus-Christ est le chef de l'Église. » (Eph. V, 23.) Que l'épouse soit donc, en tout, soumise à son époux, comme l'Église à Jésus-Christ, et que l'époux aime son épouse comme Jésus-Christ aime son Église, pour laquelle il a voulu mourir, afin de la sanctifier. (Eph. V, 24, 25.)

Tout est dit dans ces quelques mots ; et c'est en vain que je déroulerais plus longuement devant vous des devoirs sur lesquels, sous la direction de guides éclairés, vous avez souvent médité dans le recueillement de la prière, au pied des saints autels.

Il ne nous reste plus qu'à supplier le Ciel, tous ensemble, de faire descendre sur vous, dans toute leur plénitude, les inestimables faveurs que le Dieu de Tobie et de Sara se plaît à répandre sur les mariages chrétiens si bien préparés.

Après la Bénédiction nuptiale.

MONSIEUR, MADAME ; j'allais dire MES CHERS ENFANTS,

Vos destinées sont unies, dès ce moment jusqu'à votre dernier soupir, par des liens plus forts que ceux qui rattachent le fils à son père et à sa mère. Et comme vous ne porterez plus désormais qu'un seul nom, de même vous n'aurez plus qu'un cœur et qu'une âme ; vous serez animés des mêmes sentiments, des mêmes désirs, des mêmes craintes, des mêmes espérances. Soyez-vous donc toujours, l'un à l'autre, l'ami qui pleure ou se réjouit avec son ami, le bras qui soutient ou relève, la lumière qui éclaire et réchauffe, l'huile qui adoucit, le baume qui fortifie.

C'est avec une parfaite sécurité, Monsieur, que nous vous avons confié l'avenir de cette chère enfant. Fille de femme forte, vous la verrez, femme forte à son tour, ses preuves sont faites, saisir de ses doigts la laine et le lin, rompre le pain à l'indigent, surveiller sa maison et y faire régner l'ordre, la paix et l'abondance.

Allez maintenant, jeune épouse, allez reporter dans ce charmant pays qui fut le berceau de votre mère, les exemples de vertus que vous reçûtes d'elle. Vous n'y trouverez pas seulement, toutes fraîches encore et parfumées, les traces de ses pas ; vous y retrouverez, de plus, son portrait vivant dans cette seconde mère qui vous accueillit dans ses bras et vous pressa sur son cœur, le jour où la première vous fut ravie. Ah ! vous lui rendrez désormais, à deux, un peu de ce trésor d'affection qu'elle n'a cessé, dès lors, de vous prodiguer, rivalisant ainsi, avec tous les siens, de compatissante et généreuse tendresse pour vous et tous les vôtres.

Entrez avec bonheur dans votre famille d'adoption qui a déjà appris à vous apprécier et à vous aimer. Là aussi, je le sais et je vous en félicite, vous retrouverez les exemples des plus touchantes et des plus sublimes vertus. Vous y trouverez, surtout, ce dont le Ciel ne vous avait point encore favorisée jusqu'à ce jour, cet être si doux, cet ange de la terre qu'on appelle une sœur ; et une sœur digne de vous, heureuse de confondre ses sentiments avec les vôtres et ceux de celui qui vient de vous donner sa foi et son nom, pour redoubler, envers vos nouveaux parents, d'attentions délicates, de soins assidus, de respectueux dévouement.

Encore un mot, à la fois triste et consolant, et j'ai fini.

Si nous nous réjouissons tous à la pensée que vous allez porter l'allégresse dans votre nouvelle famille, Madame, nous ne saurions oublier que votre éloignement va plonger comme dans un second veuvage votre père bien-aimé, et rendre, en quelque sorte, une seconde fois orphelins vos jeunes frères. Ces déchirements inévitables nous prouvent, hélas! qu'il n'est point de bonheur complet sur cette terre d'exil, et qu'au ciel seulement s'opérera, dans le sein de Dieu, cette grande réunion des saintes âmes qu'aucune séparation ne viendra plus briser.

Mes chers enfants, pouvez-vous espérer que les membres de vos deux familles qui, dès cet instant, n'en forment plus qu'une, seront tous fidèles à cet éternel rendez-vous? Oui. Et vous en avez pour gage le pieux empressement avec lequel chacun d'eux se serrait, hier, autour du banquet de vie, à l'ombre du sanctuaire béni de Notre-Dame de Fourvières, et appelait sur vous les bénédictions d'en Haut. Nous les demanderons encore aujourd'hui, tous de concert, par les mérites de l'immaculée Victime dont le sacrifice va commencer, afin que le Dieu d'Abraham, d'Isaac et de Jacob vous donne de couler ensemble de longs jours de bonheur; de voir les enfants de vos enfants jusqu'à la troisième et à la quatrième génération; de les voir croître en âge et en sagesse, et de les précéder, pleins de jours et de mérites, dans le séjour des immortelles récompenses.

Ainsi soit-il; ainsi soit-il.

210. — Chambéry, imprimerie de Chatelain, 24, rue du Verney.

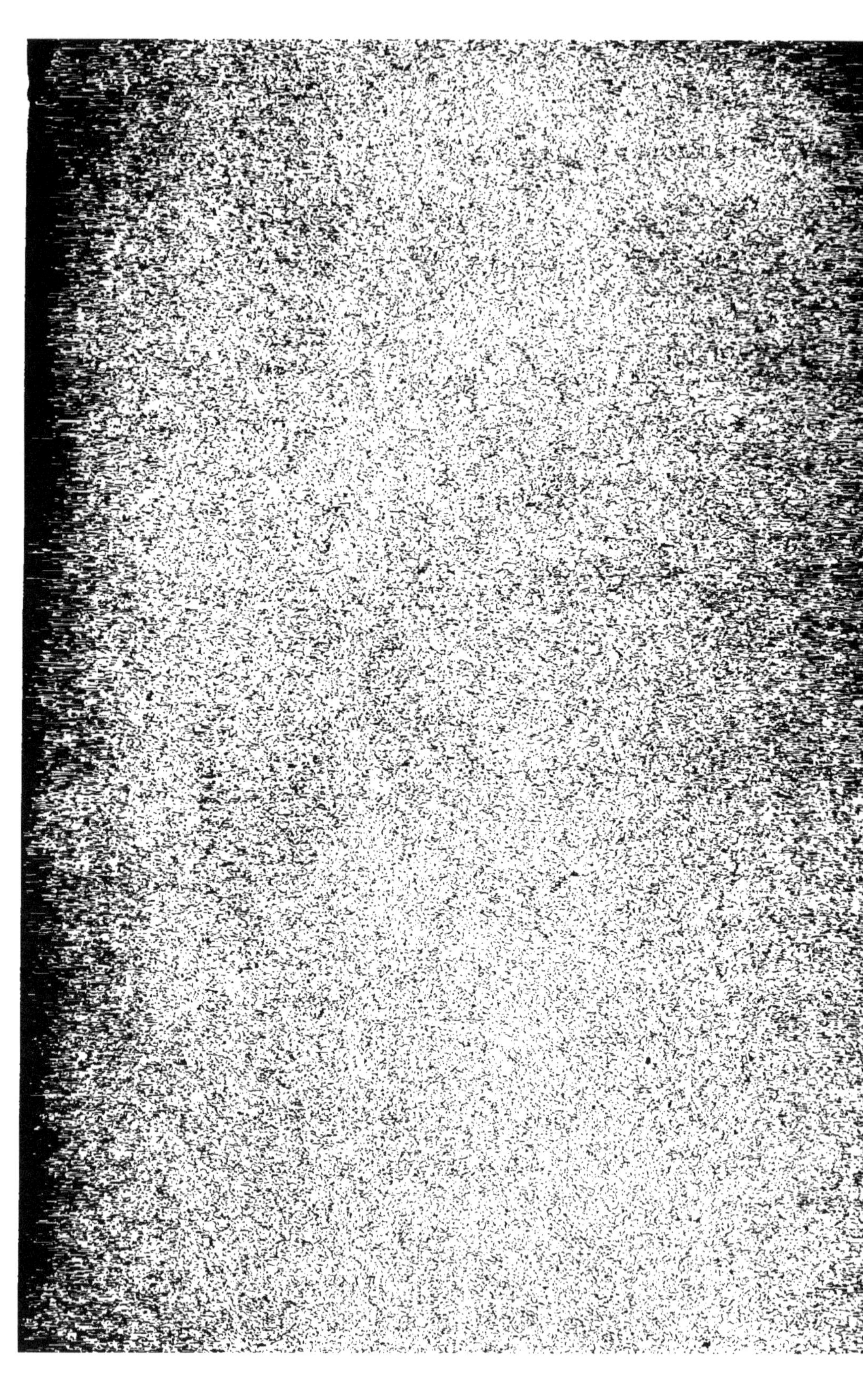

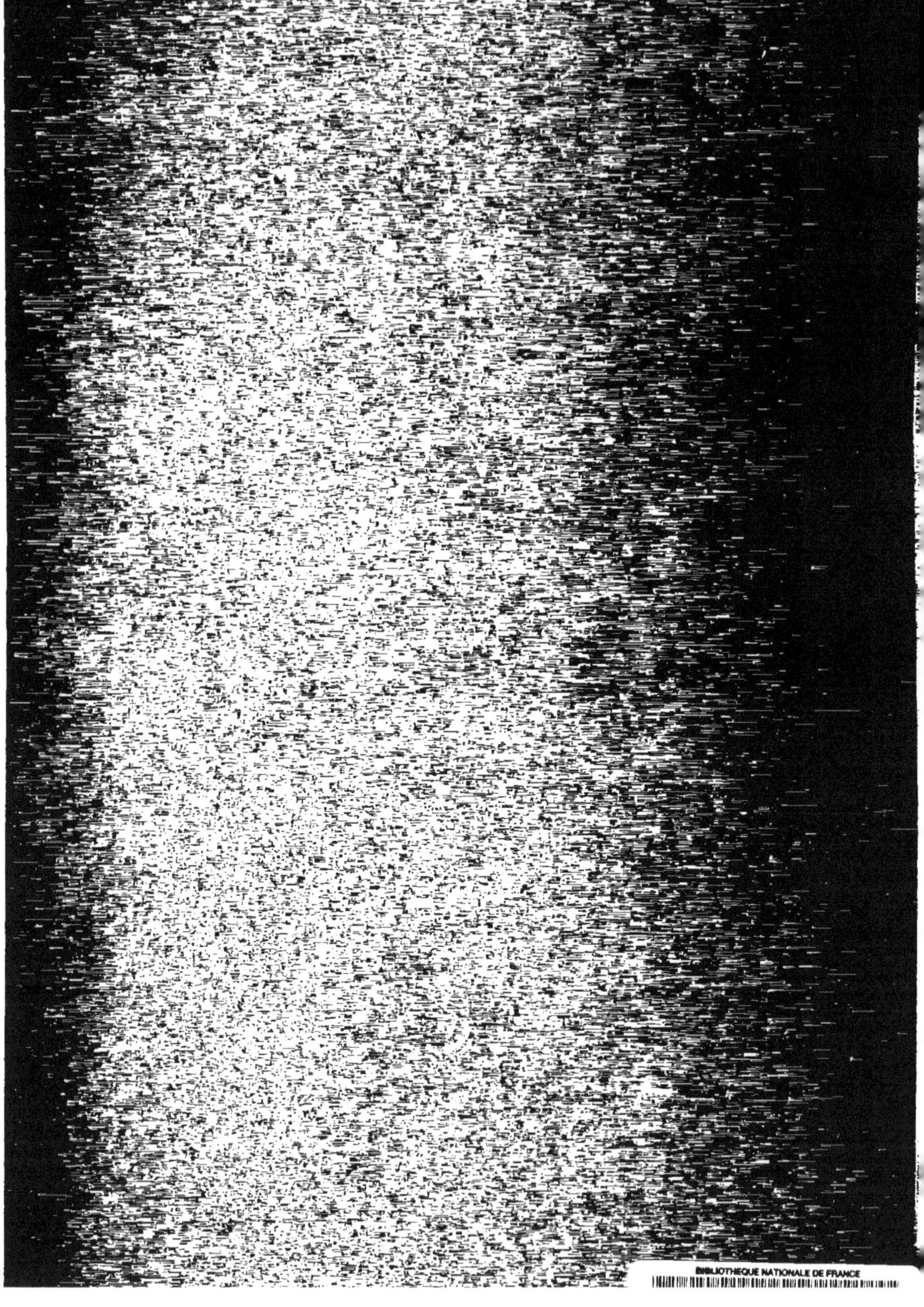

www.ingramcontent.com/pod-product-compliance
Ingram Content Group UK Ltd.
Pitfield, Milton Keynes, MK11 3LW, UK
UKHW012311240726
13966UKWH00005B/1789